W0274438

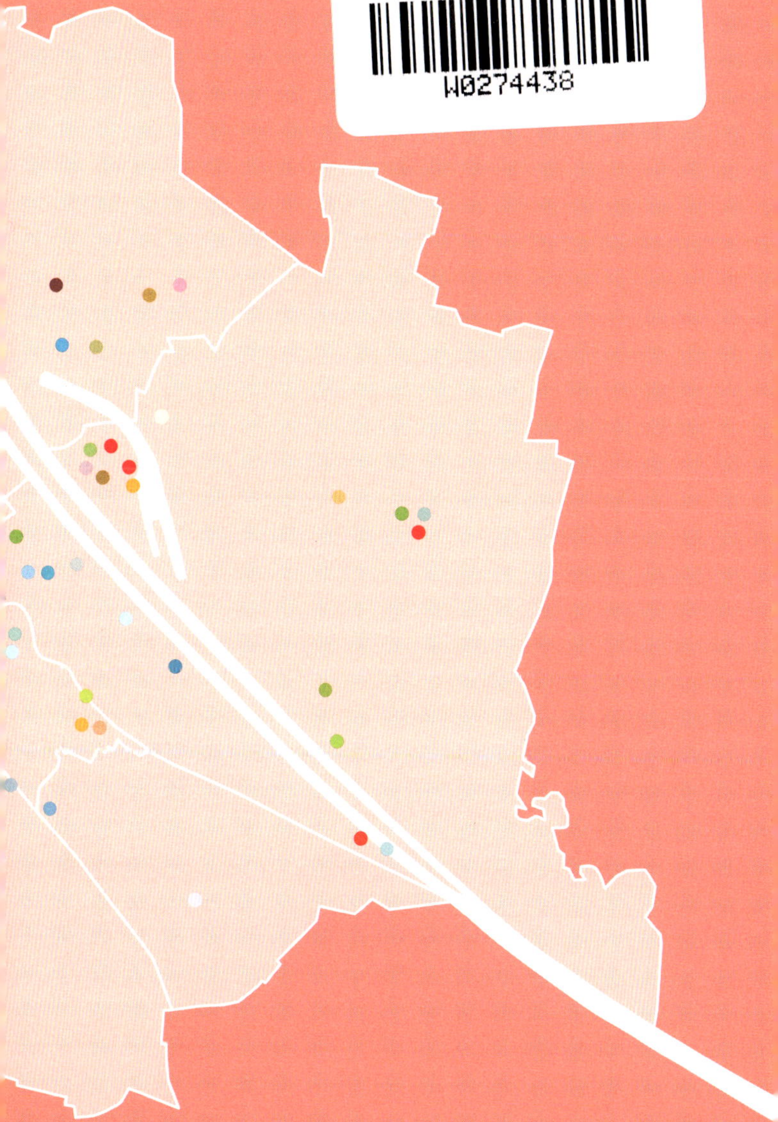

Edition Korrespondenzen
Wojciech Czaja

Wojciech Czaja

Almost 2

Eine Weltreise in Wien

KONNEX Edition Korrespondenzen

Mit 15 Gastbeiträgen aus der
Instagram-Challenge *#AlmostWeltreise*

@annacorena
@caroline_christina
@depixtion
@dzerzi
@franzhammerbacher
@georgherder
@in.wien.mit.wien
@justpenzing
@koeniglaurin
@melamieja
@ronnydevienne
@so__vienna
@v.for.vertigo
@wienfotografin
@zvitlo

Inhalt

Vorwort

Eine Weltreise ins Grätzel

Offene Türen in die Ferne als Teil dezentraler Kulturarbeit in Wien

Monika Erb

Als Grenzen geschlossen waren, die Bevölkerung angehalten war, zuhause zu bleiben, und die ganze Welt still zu stehen schien, öffnete Wojciech Czaja mit seiner Fotoserie *Almost* Türen in die Ferne. Die ihm innewohnende Sehnsucht nach Ferne und Fremdheit verwandelte der Wiener Architekturjournalist in einen neuen Blick auf die eigene Heimatstadt. Wien wurde Almost Rom, Almost Paris, Almost Moskau, Almost Peking und Almost Las Vegas. Und einige Hunderte andere Orte, quer über den ganzen Erdball verstreut.

Die 23 Wiener Gemeindebezirke stellen in Wojciech Czajas Fotoserie nicht mehr nur ihre jeweilige Bezirkskultur dar, sondern schlüpfen in die Rolle internationaler Kulturvermittler, die einen roten Faden zwischen Analogie, Referenz und Assoziation spannen. Als Betrachterin wird man angehalten, aus seinem alltäglichen visuellen Trott hinauszutreten und im eigenen Bezirk vermeintlich Gewohntes und Bekanntes neu zu entdecken. Alltägliches wird plötzlich zu Kunst, und das Fernweh, das in uns allen seit zwanzig Monaten schlummert, durch einen offenen Blick gestillt, mit dem man im eigenen Grätzel die Welt bereisen kann – eine einzige Stadt als barrierefreier, grenzenloser, unendlich großer Raum.

Im Rahmen des *Wir Sind Wien Festivals 2021*, das seit mittlerweile 13 Jahren von Basis.Kultur.Wien organisiert wird, wurde die Fotoausstellung *Almost* zur Wanderausstellung mit 23 Stationen. Ziel dieses jährlich stattfindenden Festivals ist es, Bezirkskultur zu fördern und den Bewohnern und Bewohnerinnen Wiens zu ermöglichen, Kunst und Kultur im eigenen Bezirk zu erleben. Wojciech Czajas Fundstücke, die auf der Suche nach fernen Städten, fernen Regionen, fernen Ländern entstanden sind, haben das Festival bereichert, indem sie die Wiener Bezirke von einer anderen Seite beleuchten.

Wenn hinter dem Rathaus Montevideo beginnt, wenn neben dem Westbahnhof der Pekinger CCTV-Tower in den Himmel ragt, wenn die Golden Gate Bridge plötzlich in Jedlesee steht, die Wagramer Straße zur Nordseeinsel wird und man am Ende nicht mehr weiß, ob man am Heuberg steht oder nicht schon längst irgendwo in Honduras ist – dann verdeutlicht sich die bisweilen an Verrücktheit grenzende Vielfalt dieser Stadt. Dann wird Wien zur ganzen Welt.

Ohne es auf Anhieb erahnt zu haben, werden dabei die Ziele dezentraler Kulturarbeit und basiskultureller Stadtentwicklung aufgezeigt. Denn es braucht weder verankerte Institutionen noch klar definierte Orte, sondern einfach nur neue Zugänge und ungewohnte Blickrichtungen. Kunst und Kultur sind keine Grenzen gesetzt, sie können überall sein, man muss nur genau hinsehen. Genau das ist die Kernbotschaft unserer täglichen Arbeit.

Die Förderung und laufende Entwicklung von Stadtteil- und Grätzelkultur sind starke Anker der international anerkannten Wiener Kulturpolitik – nicht nur in zentralen Lagen, sondern auch in den Flächenbezirken und Stadterweiterungsgebieten, bis hinaus an die Ränder

der Stadt. Basis.Kultur.Wien ist dabei die Drehscheibe und die direkte Verbindung zwischen Stadt Wien und ihren dezentral agierenden Akteuren und Akteurinnen. Als Trägerinstitution unterstützt der Dachverband mit 300 Mitgliedsvereinen sowohl Aktivitäten von Amateurinnen und Amateuren als auch Projekte der Wiener Kunst- und Kulturszene.

Unsere Projekte, Festivals und Initiativen sind kulturelle Begegnungs- und Kommunikationsräume. Manchmal findet das Aha-Erlebnis direkt vor der Haustüre statt. Nichts anderes macht der Kulturjournalist und Stadtbeobachter Wojciech Czaja mit seiner bildhaften Grätzelweltreise, die auf Facebook mittlerweile mehr als 700 Orte innerhalb Wiens umfasst. Die besten davon sind im hier vorliegenden Buch versammelt. Sie laden dazu ein, den Blick zu schärfen, das Unmögliche zu denken, das Alltägliche zum Extravaganten zu machen. Kunst und Kultur quasi im zufälligen Vorbeigehen auf dem Weg durch die eigene Stadt. So gesehen eröffnet *Almost* auf geradezu kulturanthroposophische Weise neue, bislang unentdeckte Veduten.

Monika Erb ist Geschäftsführerin von Basis.Kultur.Wien, Direktorin der Tschauner Bühne und Intendantin des »Wir Sind Wien« Festivals.

Weltverwandtschaften

Wojciech Czaja

Als Kind hatte ich drei Träume, die mich hungrig gemacht haben auf die Welt. Ich wollte ans Tote Meer, weil ich mir nicht vorstellen konnte, wie ein totes Meer aussieht. Ich wollte nach Manaus, nirgendwo sonst, es musste Manaus sein, und mich dort, genauso wie der verrückte Herr mit Anzug, Hut und Schiff, mit einer Machete durch den Dschungel schlagen. Und ich wollte unbedingt nach Texas – erstens, weil mir das X in der Wortmitte so gut gefallen hat, zweitens, weil ich J.R. Ewing fragen wollte, wofür eigentlich das J.R. steht, klingt halt schon komisch, und drittens, weil ich auf einen Güterzug aufspringen und damit zu J.R.s Ölfeldern mit den ständig kopfnickenden Ölpumpendinosauriern fahren wollte.

Zwei dieser Träume konnte ich mir bereits erfüllen. Den dritten nur fast. Am 2. Juli 2020, 108 Tage, nachdem mir die Corona-Eingesperrtheit auf den Kopf gefallen war, ich war gerade auf dem Weg zum Schwimmen, quer durch den Wiener Amazonas, rüber in die Lobau, landete ich zwischen rostbraunen Güterzügen plötzlich mitten in Texas, Seite 191, und musste in diesem Augenblick daran denken, wie ich mir mit meiner Oma Woche für Woche, immer dienstags um 20:15 Uhr, FS1, die

Machtintrigen und Familientragödien von *Dallas* reingezogen hatte. Das Rätsel mit den Initialen ist bis heute nicht gelöst, und aus der illegalen Zugreise wurde auch nichts, denn die Waggons standen still in der Landschaft, aber ja, für ein paar Momente war ich almost in Texas.

»Bewegen wir uns mit der Einstellung von Reisenden an unserem angestammten Platz«, schreibt der britische Philosoph Alain de Botton in seinem Buch *Kunst des Reisens*, »erweist der sich womöglich nicht weniger interessant als die Hochgebirgspässe und die von Schmetterlingen durchschwirrten Dschungel in Humboldts Südamerika.« Am Ende seines Buches gelangt de Botton zu der Erkenntnis, dass das Vergnügen, das eine Reise bereite, womöglich mehr von der Einstellung zum Unterwegssein abhänge als von der eigentlichen, minutiös gewählten Destination. »Was also kennzeichnet die Einstellung beim Reisen? Empfänglichkeit ist wohl ihr wichtigstes Merkmal.«

Die größte kleinste Reise der Welt ist wahrscheinlich die des französischen Schriftstellers Xavier de Maistre. Als er 1794 aufgrund eines verbotenen Duells zu einem 42-tägigen Hausarrest in seiner Turiner Dachgeschosswohnung verurteilt wird, beschließt er, aus der ihm juristisch aufgebürdeten Ortsansässigkeit das Beste zu machen. Er sperrt die Tür ab, zieht sich seinen weiß-rosa Schlafanzug an und begibt sich auf Wanderschaft zwischen Sofa, Schreibtisch und Bett. »Hatte man mich etwa denn in mein Zimmer verbannt, in diese paradiesische Gegend, die alle Güter und Schätze der Welt in sich birgt, um mich zu bestrafen?«, schreibt er in seinem nach dem Arrest veröffentlichten Buch *Voyage autour de ma chambre*, *Die Reise um mein Zimmer*, 42 kurze Kapitel, ein Text pro Tag. »Ebenso gut könnte man eine Maus in eine Vorratskammer einsperren.«

Auch Alain de Botton beschließt, inspiriert von de Maistres Minireise, sein ihm vermeintlich längst bekanntes London neu zu erkunden und die Erkenntnisse aus der *Kunst des Reisens* im Sinne des mythologischen, prototypischen Narrativs der Heldenreise auf die in seiner Nachbarschaft liegenden Gassen und Straßen zu übertragen. »Ich zwang mich, einer seltsamen inneren Stimme zu gehorchen, die mir befahl, mich umzusehen, als sei ich noch nie zuvor in dieser Straße gewesen. Und ganz allmählich begannen meine Reisen, Früchte zu tragen. Nachdem ich mir vorgenommen hatte, alles für potenziell interessant zu halten, offenbarten sich latente Bedeutungsschichten der Dinge.«

Auch *Almost* hat mit Latenz zu tun, und zwar mit deren Verwandlung in eine abenteuerliche Reise, in eine Weltreise durch Wien. Ich liebe die Welt, ihre Millionen Facetten, die Unterschiedlichkeit der Städte, die wir in all den Jahrzehnten, Jahrhunderten, Jahrtausenden darauf errichtet haben. Und wenn ein blödes Virus mich zwingt, an einem einzigen Ort zu verharren und – anstatt meinen Hunger auf das Ferne und Fremde zu stillen – an Xavier de Maistre und Alain de Botton zu denken und durch ihre Texte hindurchzuspazieren, dann tauchen zwischen den Zeilen immer wieder Einladungen auf, dem geschriebenen Wort visuelle Pendants gegenüberzustellen.

Ich werde zum mich freuenden Kind, *Dallas*-Alter, wenn auf der Wiener Ringstraße plötzlich eine kleine Berliner Siegessäule steht, ein Denkmal zu Ehren des Wiener Bürgermeisters Johann Andreas von Liebenberg, der Ende des 17. Jahrhunderts wertvolle Dienste in der Bekämpfung der Pestepidemie leistete und während der Zweiten Türkenbelagerung eine Bürgerwehr organisierte, wenn ich in der Leopoldau auf dem Areal des ehemaligen Gaswerks zwischen denkmalgeschützten Pavillons herumwandle und mich plötzlich in Namibia wähne, vor einem verfallenen, von der Wüste fast verwüsteten Häuschen der alten Deutschkolonisten, oder wenn ich auf der Rolltreppe runter zur U2, Station Schottenring, nach mir fremden Bildern Ausschau halte und überkopf plötzlich einen metabolistischen Shinto-Schrein in Yokohama entdecke.

»Wenn der Globus rundherum bereisbar ist, besteht die eigentliche Herausforderung darin, zu Hause zu bleiben und die Welt von dort aus zu entdecken«, schreibt Judith Schalansky, in ihrem 2011 erschienenen *Atlas der abgelegenen Inseln*. Und während ich auf meiner Vespa, einer dunkelgrauen Piaggio 125, sitze und mich mit dem iPhone durch Wien fotografiere, wird die Triester Straße zur Via Appia, der Wiedner Gürtel zum Broadway, der Praterspitz zum Panamakanal. Das Schleusentor öffnet sich gerade, ich habe Glück, zwar keine Evergreen mit Tausenden Containern an Bord, aber immerhin ein kleines Boot der Wiener Wasserpolizei, das um neun Meter zu Berg gehoben werden möchte. Die latenten Bilder, die diese Stadt in sich birgt, sind so mannigfaltig, dass sie sich nicht einmal mithilfe des Alphabets in eine erkennbare Ordnung bringen lassen.

Die Resonanz auf *Almost*, Band 1, war enorm und überwältigend. Auf das Buch folgte die Ausstellung *Almost. Wiener Weltreisen 1873/2020*, die drei Monate lang am Karlsplatz zu sehen war. Kurator Peter Stuiber verzauberte den azurblauen Bauzaun vor dem Wien Museum in eine Startbahn für fantastische Reisen. Im Juni folgte die Wanderausstellung *Almost. Die Welt in Wien* in Zusammenarbeit mit Basis.Kultur.Wien. Im Rahmen des Festivals *Wir Sind Wien* tourten ein paar Dutzend Fotos durch die 23 Wiener Bezirke, jeden Tag ein anderer Standort, ganz im Sinne de Maistres. Zuletzt war die *Almost*-Ausstellung in Vukovar und Krakau zu sehen. Nächste Stationen: Virovitica, Osijek, Zagreb, Rzeszów und Moskau.

Im Frühjahr lancierte das Wien Museum die Instagram-Challenge *#AlmostWeltreise,* an der sich Hunderte Fotografinnen und Fotografen mit weit über 600 eingereichten Arbeiten beteiligten. *Almost Mailand, Almost Hogwarts, Almost Orient, Almost Moskauer Metro, Almost Edward Hopper's America.* Die Beiträge sind Schätze des Schauens und tragen meine Freude darüber, im Almost das Auslangen zu finden und sich auch einmal mit einem Beinahe zu begnügen, in die Welt hinaus.

Die 15 Siegerfotos dieser Challenge sind in diesem Buch versammelt, sie mischen sich unter meine persönlichen Entdeckungen innerhalb der Wiener Stadtgrenzen und komplettieren die Auswahl auf ein glattes Hundert. Ich danke den Fotografinnen und Stadtentdeckern für ihren unverzichtbaren Beitrag zum Entstehen dieses Buches. 32 Augen finden mehr als zwei. »Die eigentliche Entdeckung besteht nicht darin, Neuland zu betreten, sondern mit neuen Augen zu sehen.« Marcel Proust.

Almost Amrum

WAGRAMER STRASSE
DONAUSTADT

Almost Bamberg

FISCHERSTRAND
DONAUSTADT

Almost Bath

FREYUNG
INNERE STADT

Almost Beijing

ARBEITERSTRANDBADSTRASSE
DONAUSTADT

wienfotografin
JULIANE KNÖTIG

Almost
Berlin Siegessäule

UNIVERSITÄTSRING
INNERE STADT

Almost Berlin / Berlin

THAYAGASSE
LEOPOLDAU

Almost Bhutan

ROSENHÜGELSTRASSE
LIESING

so__vienna

Almost Brasília

A4 OSTAUTOBAHN
LEOPOLDSTADT

Almost
Bridge of No Return, Korea

WIENTALSTRASSE

AUHOF

Almost
Broadway, New York

WIEDNER GÜRTEL
FAVORITEN

Almost Brussels

HAMBURGERSTRASSE
MARGARETEN

Almost Brussels

REUMANNPLATZ
FAVORITEN

Almost Cape Canaveral

WANGARI-MAATHAI-PLATZ
SEESTADT ASPERN

Almost
Cape Cod, Massachusetts

KUCHELAUER HAFENSTRASSE
KAHLENBERGERDORF

GRILL RESTAURANT
MARINA
FISCH & GRILL RESTAURANT
N-22427

Almost
CCTV Tower, Beijing

EUROPAPLATZ
FÜNFHAUS

Almost
Central Park, New York

AM DONAUPARK
DONAUSTADT

@koeniglaurin

Almost Coney Island

AUSSTELLUNGSSTRASSE
LEOPOLDSTADT

MONZA

Almost Copacabana

MESSEPLATZ
LEOPOLDSTADT

@annacorena

Almost Corfu

NEUWALDEGGER STRASSE
NEUWALDEGG

Almost Dushanbe Concert Hall

MARATHONWEG
LEOPOLDSTADT

Almost
Edward Hopper's America

KENNEDYBRÜCKE

HIETZING

@franzhammerbacher
FRANZ HAMMERBACHER

Almost Guggenheim Museum

MARIA-LASSNIG-STRASSE
FAVORITEN

Almost Hiroshima

NESTROYPLATZ
LEOPOLDSTADT

Almost Hogwarts

RATHAUSPLATZ
INNERE STADT

@depixtion
PETER BEHOFSITS

Almost Hoi An

NEUBAUGASSE
NEUBAU

Almost Hong Kong

JULIUS-TANDLER-PLATZ
ALSERGRUND

Almost Houston

NOTTENDORFER GASSE
ERDBERG

Almost Istanbul

DÄNENSTRASSE
WÄHRING

Almost Istanbul

MUSEUMSPLATZ
NEUBAU

Almost Kyoto

OTTO-BAUER-GASSE
MARIAHILF

Almost Las Vegas

SEBASTIAN-KOHL-GASSE
DONAUFELD

Almost Ljubljana

JOHANNESGASSE
LANDSTRASSE

Almost London

MARGARETENHOF
MARGARETEN

@ melamieja

Almost Louvre

WEHLISTRASSE
PRATER

Almost Luang Prabang

ALBERTGASSE
JOSEFSTADT

Almost Lüderitz, Namibia

MARISCHKAPROMENADE
LEOPOLDAU

Almost Lugano

ERDBERGSTRASSE
ERDBERG

Almost Magnitogorsk

CHARAUSGASSE
LIESING

L

Almost
Mali Lošinj, Kornati

SEESTADTPROMENADE
SEESTADT ASPERN

Almost Manchester

GRÜLLEMEIERGASSE
OTTAKRING

Almost Marrakesh

MOERINGGASSE
NEU-FÜNFHAUS

Almost Matosinhos

EISNERGASSE
OTTAKRING

Almost Milan

GRABEN
INNERE STADT

in.wien.mit.wien
GERLIND SCHABERT

Almost Milwaukee

FLURSCHÜTZSTRASSE
MEIDLING

Almost
Miramare, Trieste

GALLITZINSTRASSE
OTTAKRING

@ronnydevienne

RONNY

Almost Mombasa

SCHOTTENFELDGASSE
NEUBAU

Almost Montevideo

FRIEDRICH-SCHMIDT-PLATZ
JOSEFSTADT

Almost Monza

FELBERSTRASSE
RUDOLFSHEIM

Almost Moscow

GUMPENDORFER STRASSE
MARIAHILF

Almost Moscow Metro

ROOSEVELTPLATZ
ALSERGRUND

@dzerzi
JERZY KARPIŃSKI

Almost Nagoya

ALBRECHTSKREITHGASSE
OTTAKRING

Almost
Nassau, Bahamas

ANTONIE-ALT-GASSE
FAVORITEN

Almost New York

WAGRAMER STRASSE
KAISERMÜHLEN

Almost Odessa

UNIVERSITÄTSRING
INNERE STADT

Almost Omsk

HETZGASSE
LANDSTRASSE

Almost Orient

FRANZ-PESKA-GASSE
SIMMERING

@ zvitlo

SVITLANA ORLYNSKA

Almost Palermo

RENNWEG
LANDSTRASSE

Almost Panama Canal

PRATERSPITZ
LEOPOLDSTADT

Almost Paris

RUDOLF-VON-ALT-PLATZ
LANDSTRASSE

caroline_christina
CAROLINE

Almost Paris

KINDERSPITALGASSE
ALSERGRUND

15
HYGIENE INSTIT

Almost
Park Güell, Barcelona

HÜTTELBERGSTRASSE
HÜTTELDORF

@justpenzing
ANCHY POPOVIĆ

Almost Père Lachaise

SCHAUMBURGERGASSE
WIEDEN

Almost
Ponte Sant'Angelo, Rome

KARLSPLATZ
WIEDEN

Almost
Ponte Vecchio, Florence

SECHSHAUSER STRASSE
SECHSHAUS

Almost Prague

SONNENFELSGASSE
INNERE STADT

Almost Praha-Holešovice

GATTEREDERSTRASSE
ATZGERSDORF

Almost Pripyat, Chernobyl

WIENTALSTRASSE
AUHOF

Almost Riga

MARGARETENSTRASSE
MARGARETEN

Almost Rotterdam

FREUDENAUER HAFENSTRASSE
LEOPOLDSTADT

künz
Hapag-Lloyd
UASC

Almost Salamanca

HAIDGASSE
LEOPOLDSTADT

Almost San Francisco

AM HUBERTUSDAMM
JEDLESEE

Almost San Marco, Venice

SCHMERLINGPLATZ
INNERE STADT

Almost
San Pietro, Vatican City

SCHWARZENBERGPLATZ
LANDSTRASSE

Almost Santa Fé

SPARGELFELDSTRASSE
HIRSCHSTETTEN

Almost Santorini

ZIEGLERGASSE
NEUBAU

Almost Seoul

AM DONAUPARK
DONAUSTADT

v.for.vertigo

Almost Shibuya

MARIAHILFER STRASSE
NEUBAU

Almost Skopje

SIEMENSSTRASSE
GROSSJEDLERSDORF

Almost Speicherstadt Hamburg

RUTHGASSE
DÖBLING

Almost Spitsbergen

JÄGERSTRASSE
BRIGITTENAU

Almost St. Petersburg

PHILHARMONIKERSTRASSE
INNERE STADT

Almost Switzerland

KRATKY-BASCHIK-WEG
PRATER

@georgherder
GEORG HERDER

Almost
Sydney Harbour Bridge

HEILIGENSTÄDTER LÄNDE
DÖBLING

Almost Tatarstan

ANGERER STRASSE
FLORIDSDORF

K

Almost Tbilisi

HUMBOLDTGASSE
FAVORITEN

Almost Tegucigalpa

HEUBERGGASSE
DORNBACH

Almost Tel Aviv

TOKIOSTRASSE
KAGRAN

Schulweg

Almost Texas

ÖLHAFENSTRASSE
LOBAU

TX
GA

Almost Tirana

RIEPLSTRASSE
FAVORITEN

a&o
aohostels.com
Eingang Entrance

Almost Tokyo

WERKSTÄTTENWEG
SIMMERING

Almost Trier

UHLPLATZ
JOSEFSTADT

Almost Tuscany

GELBSILBERWEG
LOBAU

Almost Umeå

KARLSPLATZ
WIEDEN

Almost Via Appia

TRIESTER STRASSE
WIENERBERG

Almost Vladivostok

SCHANZSTRASSE
NEU-FÜNFHAUS

Almost Weitra

BURGGASSE
NEUBAU

98

Almost West Bank

ZAHA-HADID-PLATZ
SEESTADT ASPERN

Almost Yaxchilán

BRUNO-MAREK-ALLEE
LEOPOLDSTADT

Almost Yokohama

FRANZ-JOSEFS-KAI
INNERE STADT

Almost Zillertal

MAXINGSTRASSE
SCHÖNBRUNN

»Ich war noch niemals in Tadschikistan«

Wojciech Czaja im Gespräch mit der Instagram-Fotografin Gerlind Schabert, @in.wien.mit.wien

WOJCIECH: Du lebst seit 2015 in Wien, fotografierst dich seit damals durch die ganze Stadt und hast auf Instagram mittlerweile über 10 000 Follower. Wie kam es zum Fotografieren?

GERLIND: Ich bin mit meiner Familie nach Wien gekommen, und damals war ich die Einzige, die nicht unmittelbar an Verpflichtungen gebunden war. Also habe ich mich auf den Weg gemacht und begonnen, Wien zu ergehen und zu fotografieren. Meine Fototrophäen habe ich dann auf Instagram gestellt.

WOJCIECH: Wie viele Fotos hast du bis jetzt gepostet?

GERLIND: Jeden Tag eines, bislang also rund 2 200 Fotos. Mein Fokus ist ja tatsächlich der Blick auf Wien und nicht der auf andere Partien der großen weiten Welt, wie sie in deinen Bildern vorkommen. Du findest ja wirklich die ganze Welt bei uns daheim. Wie gelingt dir das?

WOJCIECH: Es spielen einige Dinge mit: Erstens bin ich extrem neugierig und recherchiere viel, zweitens habe ich mir mit meinem Architekturstudium ein architektonisches und urbanistisches Grundwissen angeeignet, und drittens habe ich ein fotografisches Gedächtnis. Was ich einmal gesehen habe, landet auf der Festplatte. Wenn ich mich also durch Wien bewege und neue Dinge und Blickwinkel entdecke, gibt es so etwas wie einen permanenten Bildabgleich mit den im Kopf abspeicherten Bilddaten. Ich kann gar nicht anders.

GERLIND: Mir ist aufgefallen, dass du in deiner *Almost*-Serie relativ viele USA-Bezüge hast. Das fasziniert mich, denn mir selbst fällt es eher schwer, bei amerikanischen Städten Spezifikationen oder Analogien zu entdecken. Wahrscheinlich, weil dort in meinen Augen so wenig historisch Gewachsenes zu finden ist. Für mich sind die USA schlicht kein Sehnsuchtsort, daher fehlt mir auch die Sensibilität zum Erkennen von Feinheiten.

WOJCIECH: Was sind denn deine Sehnsuchtsorte?

GERLIND: Enge, schattige Gassen in Portugal, die zeitlos wirkenden Orte im französischen Var, alte italienische Gemäuer, Straßenszenen, die unverwechselbar etwas über den jeweiligen Menschenschlag erzählen, aber natürlich auch die Natur. Und wenn ich Platanen sehe, muss ich sofort an Frankreich denken.

WOJCIECH: Zum Beispiel an den Cours Mirabeau in Aix-en-Provence!

GERLIND: Ja, genau! Die Bäume, die Bebauung, dieses wunderbare Licht! Kein Wunder, dass die französischen Impressionisten aus dieser Landschaft so viel Kraft und Tiefe rausgeholt haben. Ich muss einen Ort kennen und persönlich gesehen haben, um von ihm dauerhaft ein Bild vor Augen zu haben. Wie ist das bei dir?

WOJCIECH: Nicht unbedingt. Ich war noch niemals in Honduras, Australien oder Tadschikistan. Und trotzdem habe ich konkrete Bilder dazu, ob das nun ein Haus in Tegucigalpa, die Sydney Harbour Bridge oder die Concert Hall in Duschanbe ist, ein unglaublich starker Rundbau, der die Sowjetmoderne so wunderbar greifbar macht.

GERLIND: Wo hast du Duschanbe in Wien gefunden?

WOJCIECH: Im Ferry-Dusika-Hallenstadion im Prater. Aber es gibt im Prater sogar noch ein zweites Bauwerk, das der Concert Hall zum Verwechseln ähnlich sieht – und zwar in der Rustenschacherallee, Ecke Rotundenallee.

GERLIND: Tadschikistan in Wien, gleich doppelt, unglaublich!

WOJCIECH: Wir haben uns kennengelernt, nachdem du im Frühjahr dieses Jahres an der Challenge *#Almost-Weltreise* des Wien Museums teilgenommen hast. Was hat dich zur Teilnahme bewogen?

GERLIND: Ich finde dieses Spiel mit den Assoziationen und Klischees sehr anregend. Es ist ein Schauen und Erkennen – aber eben immer nur fast, immer nur almost. In dieser Unschärfe zwischen Original und Kopie, zwischen Realität und Abgleichbild liegt einerseits sehr viel Spannung, andererseits aber auch ein gewisser Humor.

WOJCIECH: Was sind denn Hinweise oder Bildelemente, die dich innerhalb eines Ortes an einen anderen Ort denken lassen?

GERLIND: Meist ist es eine Kombination aus vielen unterschiedlichen Qualitäten: Gebäude, architektonische Details, Materialien, Proportion und Maßstäblichkeit, Menschen, Kleidung, Lichtstimmungen, eingefangene Momente. Manchmal stehe ich einfach da, beobachte einen Ort oder eine Straßenszene und kann es gar nicht fassen, wie anders als in Wien es da plötzlich aussieht. Dann bin ich in almost Madeira, almost Montmartre oder almost Jekaterinburg.

WOJCIECH: Ich war Teil der vierköpfigen Jury, die aus über 600 Einreichungen 15 Siegerfotos gekürt hat. Gewonnen hast du mit deinem Foto *Almost Milan*. Was macht denn Wien zu Mailand?

GERLIND: Der Eissalon, die hochwertigen, hochspiegelnden Materialien, das Rot, das Schwarz, der Stein rundherum, das glitzernde Messing, der Versace-Schriftzug über dem Portal, die noble, luxuriöse Stimmung, die in der Luft liegt. Und es könnte sein, dass gleich ein paar Damen mit teuren Einkaufstaschen ins Bild hineinlaufen oder ein knallroter Ferrari Testarossa um die Ecke biegt. Das sind die Straßenszenen, wie ich sie aus Mailand kenne: Via Alessandro Manzoni, Via Monte Napoleone oder Galleria Vittorio Emanuele II. Eine ganz bestimmte Stimmung, die mit Worten nur schwer einzufangen ist. Ich fange sie lieber mit einem Foto ein.

WOJCIECH: Womit fotografierst du?

GERLIND: Meine Fotoausrüstung ist mein Handy, ein Huawei P30. Bist du nicht auch mit dem Smartphone unterwegs?

WOJCIECH: Ja, mit einem iPhone 12. Das ist das, was ich immer mithabe. Die Fotos sind nicht technisch perfekt, ausgebildete Profis mit teurer Ausrüstung können das besser. Aber darum geht es nicht. Ich will einfach nur eine Geschichte erzählen und mit der Wirklichkeit kokettieren.

GERLIND: Welche Bezirke sind für dich die ergiebigsten, wenn es um die Entdeckung der Welt geht?

WOJCIECH: Zunächst einmal die Wiener Innenstadt, die ziemlich facettenreiche Leopoldstadt, und dann natürlich die großen Flächenbezirke. Floridsdorf und Donaustadt bieten unglaublich viele Facetten: Wohnen, Gewerbe, Spitäler, Autobahnen, Fabriken, Müllplätze, Logistikflächen, Gleisanlagen und verrückte Event-Locations. Und du? Wo bist du am häufigsten unterwegs?

GERLIND: Ich fotografiere am liebsten in den historischen, bürgerlichen, zum Teil denkmalgeschützten Bezirken wie etwa Josefstadt und Alsergrund. Da mache ich die meisten und schönsten Entdeckungen. Zugleich sind das auch die Bezirke, die am typischsten für Wien sind. Exotische Almost-Orte findet man hier seltener.

WOJCIECH: Welche Rolle spielen Menschen in deinen Fotografien?

GERLIND: Eine wichtige Rolle als Statisten. Ich mag es, wenn Leute in Szenen vorkommen, den Raum definieren und die Stimmung, die ich einfangen will, unterstreichen. Aber das passiert nicht allzu oft. Wie hältst du es mit den Passanten?

WOJCIECH: Meine Fotos sind meist menschenleer. Was aber vor allem daran liegt, dass ich die Fotoserie ja im ersten Lockdown im April 2020 begonnen habe. Damals war fast niemand auf der Straße. Mittlerweile ist es so, dass ich oft auf den richtigen Moment warte, bis kein Mensch, kein Hund, kein Auto ins Bild ragt. Meist sind es genau diese einheimischen Details, die eine exotisch wirkende Szenerie sofort als Wien entlarven.

GERLIND: Hat sich für dich die Fortbewegung durch die Stadt seit *Almost* verändert?

WOJCIECH: Ich bin ein Getriebener. Doch mit Beginn von *Almost* habe ich gelernt, mich so durch Wien zu bewegen, wie ich das auch im Urlaub oder im Erkunden von mir fremden Orten mache. In der Neugier und in der Unkenntnis der Dinge wird der Weg zum Ziel. Heute weiß ich, dass auch Wien nicht nur aus A und B besteht, sondern voller wunderbarer Umwege ist.

GERLIND: Und inwiefern hat sich in all der Zeit dein Blick auf die Stadt verändert?

WOJCIECH: Ich kann mich kaum noch durch Wien bewegen, ohne dass die Almost-Maschine im Hirn mitläuft. Ich bin die ganze Zeit am Schauen, Suchen, Finden, Abgleichen und Assoziieren … Du hast früher auch schon mal in Berlin, Frankfurt am Main und New York gelebt. Wäre ein Almost-Projekt in diesen Städten auch möglich?

GERLIND: Definitiv! Ich glaube, das ist in jeder Stadt möglich. Und ich finde das sehr spannend, denn ein Almost-Toskana-Foto sagt ja nicht nur etwas über die Toskana aus, sondern auch darüber, wie wir in Wien die Toskana sehen. Mich würde interessieren, ob ein Almost-Toskana-Foto in Paris, in Berlin oder in New York ein anderes Klischee bedienen und ein anderes Bild produzieren würde als die Almost-Toskana, die du in Wien in der Lobau gefunden hast.

WOJCIECH: Welche Stadt würdest du in Wien gerne noch entdecken?

GERLIND: Hamburg, Tokio und New York. Und du? Hast du überhaupt noch etwas offen auf deiner Liste?

WOJCIECH: Timbuktu. Eines Tages noch will ich Timbuktu finden.

Gerlind Schabert hat in Deutschland im Printjournalismus und Hörfunk gearbeitet, u. a. für Generalanzeiger, Berliner Morgenpost und RBB Rundfunk Berlin-Brandenburg. Seit 2015 lebt sie als Biografin in Wien. Nebenbei veröffentlicht sie auf ihrem Instagram-Account @in.wien.mit.wien jeden Tag einen Blick auf ihre neue Heimatstadt, darunter auch ihr Siegerfoto aus der Challenge #Almost-Weltreise: Almost Milan, Seite 101.

Ortsverzeichnis

1., Innere Stadt

Bath, Freyung
Berlin Siegessäule, Universitätsring
Hogwarts, Rathausplatz
Mailand, Graben
Odessa, Universitätsring
Prag, Sonnenfelsgasse
San Marco, Venedig, Schmerlingplatz
St. Petersburg, Philharmonikerstraße
Yokohama, Franz-Josefs-Kai

2., Leopoldstadt

Brasília, A4 Ostautobahn
Dushanbe Concert Hall, Marathonweg
Coney Island, Ausstellungsstraße
Copacabana, Messeplatz
Hiroshima, Nestroyplatz
Louvre, Wehlistraße
Panamakanal, Praterspitz
Rotterdam, Freudenauer Hafenstraße
Salamanca, Haidgasse
Schweiz, Kratky-Baschik-Weg
Yaxchilán, Bruno-Marek-Allee

3., Landstraße
Houston, Nottendorfer Gasse
Ljubljana, Johannesgasse
Lugano, Erdbergstraße
Omsk, Hetzgasse
Paris, Rudolf-von-Alt-Platz
Palermo, Rennweg
Petersplatz, Vatikan, Schwarzenbergplatz

4., Wieden
Engelsbrücke, Rom, Karlsplatz
Père Lachaise, Schaumburgergasse
Umeå, Karlsplatz

5., Margareten
Brüssel, Hamburgerstraße
London, Margaretenhof
Riga, Margaretenstraße

6., Mariahilf
Kyoto, Otto-Bauer-Gasse
Moskau, Gumpendorfer Straße

7., Neubau
Istanbul, Museumsplatz
Hoi An, Neubaugasse
Mombasa, Schottenfeldgasse
Santorin, Zieglergasse
Shibuya, Mariahilfer Straße
Weitra, Burggasse

8., Josefstadt
Luang Prabang, Albertgasse
Montevideo, Friedrich-Schmidt-Platz
Trier, Uhlplatz

9., Alsergrund
Hongkong, Julius-Tandler-Platz
Moskauer Metro, Rooseveltplatz
Paris, Kinderspitalgasse

10., Favoriten
Broadway, New York, Wiedner Gürtel
Brüssel, Reumannplatz
Guggenheim Museum, Maria-Lassnig-Straße
Nassau, Bahamas, Antonie-Alt-Gasse
Tiflis, Humboldtgasse
Tirana, Rieplstraße
Via Appia, Triester Straße

11., Simmering
Orient, Franz-Peska-Gasse
Tokio, Werkstättenweg

12., Meidling
Milwaukee, Flurschützstraße

13., Hietzing
Brücke ohne Wiederkehr, Korea, Wientalstraße
Edward Hopper's America, Kennedybrücke
Zillertal, Maxingstraße

14., Penzing
Park Güell, Barcelona, Hüttelbergstraße
Prypjat, Tschernobyl, Wientalstraße

15., Rudolfsheim-Fünfhaus
CCTV Tower, Peking, Europaplatz
Marrakesch, Moeringgasse
Monza, Felberstraße
Ponte Vecchio, Florenz, Sechshauser Straße
Wladiwostok, Schanzstraße

16., Ottakring
Miramare, Triest, Gallitzinstraße
Manchester, Grüllemeiergasse
Matosinhos, Eisnergasse
Nagoya, Albrechtskreithgasse

17. Hernals
Korfu, Neuwaldegger Straße
Tegucigalpa, Heuberggasse

18., Währing
Istanbul, Dänenstraße

19., Döbling
Cape Cod, Massachusetts, Kuchelauer Hafenstraße
Central Park, New York, Am Donaupark
Speicherstadt Hamburg, Ruthgasse
Sydney Harbour Bridge, Heiligenstädter Lände

20. Brigittenau
Spitzbergen, Jägerstraße

21., Floridsdorf
Berlin / Berlin, Thayagasse
Las Vegas, Sebastian-Kohl-Gasse
Lüderitz, Namibia, Marischkapromenade
San Francisco, Am Hubertusdamm
Skopje, Siemensstraße
Tatarstan, Angerer Straße

22., Donaustadt
Amrum, Wagramer Straße
Bamberg, Fischerstrand
Cape Canaveral, Wangari-Maathai-Platz
Mali Lošinj, Kornaten, Seestadtpromenade
New York, Wagramer Straße
Peking, Arbeiterstrandbadstraße
Santa Fé, Spargelfeldstraße
Seoul, Am Donaupark
Tel Aviv, Tokiostraße
Texas, Ölhafenstraße
Toskana, Gelbsilberweg
West Bank, Zaha-Hadid-Platz

23., Liesing
Bhutan, Rosenhügelstraße
Magnitogorsk, Charausgasse
Praha-Holešovice, Gatterederstraße

Wojciech Czaja

Almost

100 Städte in Wien

Ohne die Grenzen von Wien jemals zu überqueren, fuhr Weltenbummler Wojciech Czaja durch versteckte Gassen, in unbekannte Grätzel und zu fernab liegenden Adressen am Rande der Stadt. Seine Entdeckungen präsentiert er uns im quadratischen Bildformat: Havanna am Praterstern, Paris in der Barnabitengasse und sogar Atlantis, nur einen Steinwurf vom Schloss Schönbrunn entfernt. Seine Fotoserie *Almost. 100 Städte in Wien* ist Ausdruck von Fernweh und Sehnsucht nach der Fremde. Und es ist die überraschende empirische Erkenntnis, dass dieser Hunger manchmal in einem Radius von zehn Kilometern gestillt werden kann.

»In der Knödelhüttenstraße in Hütteldorf habe ich die Bretagne fotografiert. Blickt man ein paar Millimeter weiter, hat sich das Bild gewandelt und man ist ganz woanders, vielleicht in Wales, vielleicht in Schottland.«
Wojciech Czaja

Originalausgabe
Mit einem Vorwort von Peter Stuiber
232 Seiten, 100 Abbildungen, Flexcover, Fadenheftung
20 Euro, ISBN 978-3-902951-56-4

»Was aus Langeweile während des ersten Corona-Lockdowns begann, wurde zum einzigartigen Projekt.«
Andrea Wipplinger-Penz, *Woman*

»Czaja hatte die grandiose Idee, in der Nähe die Ferne zu entdecken, im Vertrauten das Fremde zu begreifen.«
Gerhard Matzig, *Süddeutsche Zeitung*

»Im Kopf von Wojciech Czaja sitzt eine Assoziationsmaschine. Streift der Architekturkritiker durch Wien, sieht er nicht nur, was da ist, sondern auch das, woran es ihn erinnert.«
Kirstin Breitenfellner, *Falter*

»Unter dem Schlagwort Almost konnten Czajas Fotos bald einen kleinen Kult auf Facebook entfachen. Doch die Aufnahmen von Beinahe-Peking, Beinahe-Belgrad oder Beinahe-Bullerbü sind in Buchform verdichtet fast noch schöner: Erzählen sie doch nicht nur vom Fernweh im Lockdown, sondern auch davon, wie architektonische Formen um die Welt zirkulieren, mutieren und lokale Dialekte annehmen.«
Kurier

»Vielleicht war der große Wunsch Vater des Gedankens, aber plötzlich wähnte Czaja sich in Berlin Tiergarten, am Petersplatz in Rom, in Nashville, Tennessee oder sogar in Asunción, Paraguay. Klingt sehr fantasievoll, selbst für einen Architekturkritiker, aber extreme Ausschnitte mit der Handykamera machen es völlig einleuchtend.«
Almuth Spiegler, *Die Presse*

»Auf seiner Vespa machte er sich auf zur Welterkundung innerhalb der Wiener Stadtgrenzen und fotografierte dabei Stimmungen, Details, Gebäude und ganze Ensembles, die so gar nichts mit realen oder tradierten Wien-Klischees zu tun haben. Sie erinnern vielmehr an fremde Lokalitäten und ferne Metropolen.«
wien.ORF.at

»10.000 Meilen reist Architekturexperte Wojciech Czaja im Kopf. In Wien hat er berühmte Reiseziele rund um den Globus in Gebäuden, Fassaden und Ansichten wiedergefunden.«
Sibylle Fritsch, *Salzburger Nachrichten*

»Unlike those of us who spent much of 2020 debating which new instrument we'll not, in fact, learn, architecture journalist Wojciech Czaja produced some moments of creative genius.«
www.visitingvienna.com

»Der im Idealfall doppelte Wiedererkennungseffekt ist das Geheimnis des Erfolgs dieser Bilder. Manchmal muss man nur die Perspektive ein bisschen wechseln und kann schon im Geiste woanders sein. Humor kommt nicht zu kurz bei manchen Assoziationen.«
Christina Böck, *Wiener Zeitung*

»Au gré de ses pérégrinations, Czaja a su capter les détails de lieux moins reluisants – comme il a surpris dans les replis inattendus de la cité danubienne des reflets de Toulouse, de Bordeaux, de Périgueux, de La Motte en Bretagne.«
Joëlle Stolz, *Mediapart*

»Almost Urlaub!«
Der Standard

»Der begeisterte Welterkunder, pandemiebedingt am Reisen gehindert, suchte charakteristische Elemente weiter Welt in Wien – und fand sie auch, wenngleich oft nur in Stücken oder ausschnittweise: eine Ahnung von Detroit auf einem Fußgängersteg über die Südosttangente, ein wenig Asunción in Meidling, beinahe Jesolo am Schwedenplatz.«
Wolfgang Freitag, *Die Presse*

»Statt in die Welt zu reisen, entdeckte er die Welt in Wien. In seinem Buch sind die besten Schnappschüsse in Form eines visuellen Story-Books versammelt.«
Barbara Schuster, *Wiener Bezirkszeitung*

»Wie sich die Bilder von Architekturen und urbanen Räumen oft gleichen, macht Czaja mit seinen Fotos sichtbar – man muss sie nur eingehend betrachten, Erinnerungen über Gesehenes in sich wecken!«
Thomas Gabler, *Kronen Zeitung*

»Nicht zuletzt regt das Buch an, die eigene Stadt mit frischen Augen zu sehen. Weltläufigkeit ist am Ende ja auch Einstellungssache.«
Kurier

Wojciech Czaja

Hektopolis

Ein Reiseführer in hundert Städte

Jede Stadt ist anders. Jede Stadt hat ihren eigenen Charakter und ihre ganz eigenen Geschichten. Der vielreisende Städteliebhaber Wojciech Czaja widmet sich in *Hektopolis* genau diesen ortsspezifischen, feinstofflichen Qualitäten. In einhundert Miniaturen, auf jeweils zwei Buchseiten, porträtiert er hundert Städte aus aller Welt – von Å auf den Lofoten bis Z wie Zell am See. Von hektischen Megacitys wie Tokio und Schanghai bis hin zu einer Hauptstadt im pazifischen Nirgendwo mit null Einwohnern. Ob kleine Preziosen wie Al Buraimi im Oman oder längst bekannte Destinationen wie Venedig, Paris oder New York – Czaja offenbart einen alternativen Blick hinter die sonst übliche Städtetrip-Schablone. Vor unseren Augen lässt er filmreife Szenen entstehen, die einen unmittelbar in die Atmosphäre urbaner Lebenswelten eintauchen lassen. *Hektopolis* ist eine hinreißende Collage aus Momentaufnahmen. Eine Liebeserklärung an die Unterschiedlichkeit der Welt.

Originalausgabe
220 Seiten, Flexcover, Fadenheftung
20 Euro, ISBN 978-3-902951-30-4

»In allen Städten war Wojciech Czaja auf der Suche nach dem einen: dem Moment der Unvergleichbarkeit, jenem Funken an Individualität, der der allgegenwärtigen globalen Vereinheitlichung trotzt.«
ORF-Radio Ö1

»Kenntnisreich und poetisch, einfühlsam und wortmächtig … so lebendig, dass man Lust verspürt, seine eigenen Erfahrungen zu machen.«
Kirstin Breitenfellner, *Falter*

»Ein kurzweiliges Städtepanoptikum. *Hektopolis* ist eine sehr individuelle Geschichtensammlung, die Lust macht auf die Welt.«
Mia Eidlhuber, *Der Standard*

»Wojciech Czaja ist ein leidenschaftlicher Städtesammler und in Zeiten von Globalisierung und Cocacolonisation eine Art rasender Reporter auf der Suche nach Anachronismen und Relikten des Lokalen. Czaja gelingt es, jenseits touristischer Attraktionen typische Attribute als städtischen Wesenskern einzufangen.«
Frankfurter Allgemeine Zeitung

Originalausgabe
© Edition Korrespondenzen, Reto Ziegler, Wien 2021
Alle Rechte vorbehalten

Grafische Gestaltung: Schrägstrich Kommunikationsdesign,
Frederike Struck, Markus Zahradnik-Tömpe
Umschlag: MVD Austria
Cover- und Porträtfoto: Florian Albert

Lektorat: Franz Hammerbacher
Gesetzt aus der Minion Pro
Druck und Bindung: Interpress, Budapest

www.korrespondenzen.at

ISBN 978-3-902951-68-7